PETRO MASCULINIDADE

CARA NEW DAGGETT

Título original: *Petromasculinity: fossil fuels and autoritarian desire*
Autora: Cara New Daggett
Publicado com autorização da autora

EDIÇÃO ALLAN DE CAMPOS SILVA
TRADUÇÃO ALLAN DE CAMPOS SILVA
DIAGRAMAÇÃO E CAPA MARINA B MANGANOTTE
PREFÁCIO AGNES DE OLIVEIRA
PÓSFACIO ALANA MORAES
TEXTO DA ORELHA ALLAN DE CAMPOS

Dados Internacionais de Catalogação na Publicação (CIP)
(Câmara Brasileira do Livro, SP, Brasil)

Daggett, Cara New
Petro masculinidade : combustiveis fósseis e desejo autoritário / Cara New Daggett, Agnes de Oliveira, Alana Moraes ; tradução Allan Rodrigo de Campos Silva. -- São Paulo : Allan de Campos Silva, 2025.

ISBN 978-65-01-58813-1

1. Ciência política 2. Masculinidade 3. Mudanças climáticas - Aspectos ambientais 4. Subjetividade I. Oliveira, Agnes de. II. Moraes, Alana. III. Título.

25-287599 CDD-320

Índices para catálogo sistemático:

1. Ciência política 320

Eliete Marques da Silva - Bibliotecária - CRB-8/9380

PETRO MASCULINIDADE

COMBUSTÍVEIS FÓSSEIS E DESEJO AUTORITÁRIO

CARA NEW DAGGETT

PREFÁCIO AGNES de OLIVEIRA
POSFÁCIO ALANA MORAES
TRADUÇÃO ALLAN de CAMPOS

SUMÁRIO

PREFÁCIO

O PATRIARCADO COMO MÁQUINA DE COMBUSTÃO MUNDIAL

AGNES DE OLIVEIRA

E se os combustíveis fósseis não forem só a base energética do capitalismo, mas da masculinidade branca? E se um dos traços distintivos dessa forma patriarcal-racial de dominação consistir, dentre outras coisas, num processo incessante de combustão do mundo, numa *violência fóssil* medular? E se tal violência se desdobrar, num contexto de crise de gênero e climática, ao ponto de se tornar um fim em si mesmo, irredutível aos cálculos econômicos baseados no lucro?

É para isso, ao meu ver, que aponta o diagnóstico de *Petro-masculinidade: Combustíveis Fósseis e Desejo Arutoritário* de Cara New Daggett. O conceito de *petro-masculinidade* nos fornece uma análise do domínio patriarcal branco como *domínio fóssil* e sua relação intrínseca com o desejo autoritário.[1] Abordando, assim, o nexo interno *lógico* e *histórico* entre combustíveis fósseis, patriarcado branco e autoritarismo, Dagget nos mostra que a importância dos combustíveis fósseis não reside apenas nos lucros e nos estilos de vida consumistas, mas também na maneira como "as subjetividades privilegiadas estão impregnadas de petróleo e carvão".

Enfatizando a dimensão psico-afetiva dos combustíveis fósseis, Dagget lança luz na "infraestrutura" profundamente delirante dos sistemas de combustíveis fósseis, expondo-os também como uma formação inconsciente do desejo subjacente à "democracia do carbono". Mas isso não é tudo. A petro-masculinidade não é estática e está em mediação com a dinâmica contraditória do patriarcado capitalista e suas crises. O tratamento da relação entre petro-masculinidade, desejo e crise é uma das principais contribuição do presente livro.

Dagget nos chama a atenção para o fato que a constituição histórica da masculinidade branca moderna sempre foi atravessada por uma *ansiedade de gênero,* estando constantemente às voltas com a instabilidade de suas bases sociais e a inadequação em relação aos padrões patriarcais. E nos momentos de crises, como a de 1929 e de 2008, a *fragilidade* e o *medo* constitutivo da masculinidade se exacerbam. Contudo, a análise de Dagget nos permite entrever que as crises de gênero atuais, e da masculinidade branca em particular, são qualitativamente novas em dois sentidos.

Por um lado, o capitalismo fóssil fracassa em sustentar a ordem masculina branca "que ele mesmo ajudou a erigir, com salários e mercadorias". A *petro-masculinidade*, assim, se choca com um *limite interno* econômico e político. Não é novidade que, há mais de quatro décadas, a figura do sujeito masculino como provedor entrou em crise, juntamente com a família nuclear burguesa e seus papéis de gênero racializados. Na base de tal crise, está a eliminação progressiva, em decorrência dos atuais níveis de produtividade, da combustão da força de trabalho necessária na produção crescente de mercadoria.[2] Tal força de trabalho se torna "excessiva" e impotente do ponto de vista do Capital Global. Não por outra razão, faz parte do lema *Make America Great Again* de Donald Trump a reindustrialização dos EUA, como forma de reação às crises de gênero e de restauração da masculinidade branca. A meu ver, este é um elemento importante para entendermos a passagem, mapeada por Dagget em seu livro, da liberação de "fluxos produtivos" excedentes para "fluxos destrutivos" do desejo na forma de violência fóssil.

Por outro lado, as ansiedades de gênero atuais são também climáticas na era do "Antropoceno". A fragilidade da masculinidade branca hegemônica e sua ansiedade é aqui exposta não pela instabilidade das condições econômico políticas, mas pelas mudanças climáticas que malogram os desejos de autossuficiência e "rigidez" (*petro*) do patriarcado branco. As crises climáticas lembram ao sujeito masculino branco, a despeito dos seus desejos totalitários e totalizantes, de sua existência contingente com outras existências e fluxos que não controlam completamente.

Contudo, as crises de gênero e climática não significam menos masculinidade, *mas mais masculinidade*. Ou seja, como reação às instabilidades de gênero, econômico-políticas e ecológicas, é produzia uma *hipermasculinidade* cujo combustível é a violência fóssil. No movimento argumentativo de Dagget, masculinidade branca hegemônica, combustíveis fósseis e violência autoritária se amalgamam num mesmo movimento de aniquilação tornado um fim em si, como condição de autopreservação securitária e militarizada de uma forma de dominação em crise e de sua base energética ameaçada. No plano do Capital Global, mesmo num capitalismo estagnado marcado por "desemprego estrutural" e "desindustrialização", a queima de combustíveis fósseis se amplia como forma de manutenção da máquina mundial de combustão patriarcal e capitalista como um fim em si mesmo. Já no plano psico-político, a combustão fóssil funciona como uma "compensação violenta" para a impotência da masculinidade branca.[3] Dado o desacoplamento do sujeito masculino branco e seu desejo em relação ao trabalho produtivo de mercadoria, a intensificação do consumo fóssil dá vasão para um desejo excessivo canalizado de forma destrutiva: pura e simples combustão desacoplada de qualquer cálculo econômico de lucro, como na prática masculinista de "*rollin' coal*".[4]

O fato é que em ambos os planos – econômico político e psico-político - a violência fóssil vai se tornando um fim em si mesmo, assumindo uma dinâmica "apocalíptica" e autossacrificial sem perspectiva, na qual autoafirmação e autodestruição se confundem na queima acelerada e ilimitada do mundo.

Como afima Daggett: sair do capitalismo como uma máquina de combustão mundial requer, assim, levar a sério, para além de meras "contradições secundárias", seu pressuposto de gênero, em especial o papel perigoso que as frustrações do desejo da masculinidade branca desempenham na queima do mundo.

Notas

[1] Nesse sentido, a abordagem abrangente e multidimensional da *petro-masculinidade* por Dagget se aproxima daquela de Paul Preciado do "domínio petrossexorracial", que compreende um modo de organização social; um conjunto de tecnologias de governo e de representação, que emergiram conjuntamente com epistemologias raciais e sexuais; e uma estética como "regime de saturação sensorial e cognitiva de captura total do tempo e de ocupação expansiva do espaço". PRECIADO, Paul. Dysphoria Mundi: o som do mundo desmoronando. Rio de Janeiro: Zahar, 2023, p.42-43.

[2] É possível argumentarmos que a *petrocultura* do patriarcado branco e do capitalismo fóssil se assenta num processo de combustão energética em dois sentidos: 1) na combustão de energia humana abstrata na forma de trabalho produtor de mercadorias; 2) e na combustão de energia física não-humana, sobretudo na forma de combustíveis fósseis (carvão, petróleo e gás). Em sua trajetória histórica, a combustão dos dois tipos de energia (humana e não-humana) entram numa relação inversa de crise, em decorrência da compulsão à produtividade: ao mesmo tempo que o aumento do padrão de produtividade social conduz a

uma eliminação progressiva da energia humana abstrata na produção de mercadorias, resultando numa massa excedente de força de trabalho, ela conduz a um crescimento contínuo da demanda por *input* de "recursos materiais" (a própria terra) e de combustão de energia física não-humana em seu processamento material. Como resultado, ao invés de um "excesso", há a produção de uma escassez dos combustíveis fósseis. Aqui é possível apreender, então, a relação entre masculinidade e combustíveis fósseis por intermédio do trabalho - como forma de atividade e dominação patriarcal do capital pela qual a terra é apropriada, digerida e regurgitada num amontoado de mercadorias convertíveis em dinheiro – e o aumento da produtividade do capitalismo fóssil.

[3] Podemos pensar aqui em outras tecnologias de autoafirmação da masculinidade branca em seu contexto de crise, cujo objetivo é produzir uma hipermasculinidade, como o consumo de testosterona e esteroides anabolizantes. Tais mecanismos de compensação e adiamento de crise da masculinidade, tornada um fim em si, expõe um fosso crescente entre o gênero, com seus padrões cada vez mais inalcançáveis de repetição compulsória, e os indivíduos empíricos. Uma lacuna que só pode ser preenchida com violência, se tornando uma fonte de catástrofes socioecológicas.

[4] A prática de "*Rollin' Coal*" consiste numa série de modificações em caminhões com motores a diesel, como instalação de chaminés maiores, remoção de filtros de partículas, injetores e interruptores de fumaça etc., para que possam emitir grandes quantidades de fumaça preta, densa e cheia de fuligem. A prática era comum no meio de corrida de caminhões à diesel, mas passou a ser utilizada em protestos antiambientalistas e pró-trump.

PETRO MASCULINIDADE

COMBUSTÍVEIS FÓSSEIS E DESEJO AUTORITÁRIO

CARA NEW DAGGETT

Introdução

O aquecimento global representa um problema tanto para os sistemas de combustíveis fósseis quanto para aqueles que lucram com eles; deixar esses combustíveis no subsolo provavelmente significa abandonar trilhões de dólares em lucros.[1] Redes vastas de privilégio sustentadas por economias fósseis também estão ameaçadas. Como aponta Jairus Grove, "a justiça ambiental exigirá papéis desiguais: restringir significativamente, até mesmo reprimir, os poderes do Euroceno". [2] Da mesma forma, o "Manifesto da Política Planetária" [Planet Politics Manifesto] nos lembra que "o planeta aponta limites para a liberdade humana; há liberdades e escolhas políticas que não podemos mais ter".[3] Não surpreende, dada a quantidade de dinheiro e privilégio em jogo, que o *ethos* trágico que justiça ambiental global demanda, enfrente resistência. As regiões que mais emitiram dióxido de carbono se preparam para lucrar com um planeta mais quente, promovendo uma versão militarizada e corporativizada da segurança climática.[4] O resultado, como prevê Christian Parenti, é a probabilidade de uma "política do barco salva-vidas armado", dado que, nos dias de hoje:

> o Norte responde com um novo autoritarismo. O Pentágono e seus aliados europeus planejam ativamente uma adaptação militarizada, que enfatiza o confinamento de longo prazo e sem fim de estados falidos ou em colapso – uma contra-insurgência eterna. Esse tipo de "fascismo climático" – uma política baseada em exclusão, segregação e repressão – é horrível e está fadado ao fracasso.[5]

O "fascismo climático", com seus campos, arame farpado e onipresença policial, é um provável resultado da (in)segurança climática.[6]

Um nascente **fascismo fóssil** já é evidente após a eleição de Donald Trump como presidente dos Estados Unidos em 2016 e a tomada conservadora do Congresso americano. Em pouco tempo, a administração Trump e o Partido Republicano reforçaram os sistemas de combustíveis fósseis ao negar as mudanças climáticas e desmantelar uma série de políticas ambientais, incluindo: a saída do Acordo de Paris, a nomeação de um negacionista climático (Scott Pruitt) para liderar a Agência de Proteção Ambiental, medidas para acabar com o Plano de Energia Limpa, o enfraquecimento da Lei do Ar Limpo e da Lei da Água Limpa, o fim da moratória sobre novas concessões de carvão em terras federais, a interrupção de um estudo sobre os efeitos da remoção do topo de montanhas para extração de carvão e a abertura de quase todas as águas costeiras dos EUA à perfuração de petróleo offshore.

A negação climática obviamente serve aos interesses do capitalismo fóssil. No entanto, carvão e petróleo fazem mais do que garantir lucro e estilos de vida de alto consumo. Se as pessoas se apegam de forma tenaz aos combustíveis fósseis, a ponto de embarcarem no autoritarismo, é porque esses combustíveis também garantem significados culturais e subjetividades políticas. Desde o novo imperialismo do século XIX, os combustíveis fósseis se tornaram a base metafórica, material e sociotécnica das **petroculturas** ocidentais que se estendem pelo planeta.[7] Em outras palavras, os combustíveis fósseis importam para os novos movimentos autoritários no Ocidente não apenas por causa dos lucros e dos estilos de vida consumistas, mas também porque subjetividades privilegiadas estão impregnadas de petróleo e carvão. Não é coincidência que homens brancos conservadores americanos – independentemente da classe – pareçam estar entre os negacionistas climáticos mais veementes, assim como os principais defensores dos combustíveis fósseis no Ocidente.[8]

Este pequeno livro realiza uma leitura feminista da negação climática e do incentivo aos combustíveis fósseis nos novos movimentos autoritários no Ocidente, a fim de investigar o entrelaçamento entre masculinidade e combustíveis fósseis. Através do conceito de **petro-masculinidade**, enfatizo a relação – tanto técnica quanto afetiva, ideacional e material – entre combustíveis fósseis e ordens patriarcais brancas. Enquanto a misoginia e a negação climática são frequentemente tratadas como dimensões separadas desses movimentos, o foco na petro-masculinidade mostra que elas são mutuamente constituídas, com a ansiedade de gênero se proliferando lado à lado com a ansiedade climática, enquanto a violência misógina explode, aqui e ali, como violência fóssil.[9]

Apesar do crescente interesse em análises de gênero sobre as mudanças climáticas,[10] a interseção entre gênero e energia permanece pouco estudada, com a maioria das pesquisas concentradas no campo do desenvolvimento, onde o foco é o acesso igualitário a combustíveis.[11] Enquanto isso, pesquisas sobre masculinidade e energia, assim como a sua relação com a questão ambiental, são ainda limitadas.[12] No entanto, a identidade masculina e as ordens patriarcais que ela sustenta são importantes para entender (a falta de) respostas políticas às mudanças climáticas, especialmente no Norte global. Sherilyn MacGregor, por exemplo, argumenta que o próprio ambientalismo foi masculinizado devido ao domínio de enquadramentos científicos e de segurança para entender as mudanças climáticas. Essas abordagens "endurecidas" resultam em uma preferência por "soluções que são o domínio tradicional dos homens e da masculinidade hegemônica", levando a uma "desvalorização de preocupações éticas", como justiça, saúde ou equidade econômica.[13]

Reconhecer a relação histórica entre combustíveis fósseis e o domínio patriarcal branco é útil para entender os desejos autoritários e as ansiedades despertadas pelo Antropoceno. Uma leitura feminista dos sistemas de combustíveis fósseis aponta para o surgimento de outra perigosa "convergência catastrófica", para usar a expressão de Parenti: neste caso, a convergência ocorre entre mudanças climáticas, um sistema de combustíveis fósseis ameaçado e uma hipermasculinidade ocidental cada vez mais frágil. Para Parenti, convergência não "significa meramente que vários desastres acontecem simultaneamente, um problema sobre o outro", mas que "os problemas se combinam e amplificam, um se expressando através do outro".[14] Analisar a petro-masculinidade nos alerta para os momentos perigosos em que desafios aos sistemas fósseis – e, mais amplamente, aos estilos de vida dependentes deles – são interpretados como desafios ao domínio patriarcal branco.

A petro-masculinidade, tal como os sistemas de combustíveis fósseis, tem dimensões globais. No entanto, como outras masculinidades, ela deve ser entendida por meio da sua manifestação em múltiplas formas e de maneiras e em lugares específicos. Este livro se concentra em sua aparição mais recente e proeminente: nos novos movimentos autoritários nos EUA.[15] O caso dos EUA é instrutivo, pois sua riqueza, alto consumo energético e militarismo tornam sua política climática crucial para a segurança planetária. O livro está organizado em torno de três fenômenos convergentes: sistemas de combustíveis fósseis, domínio patriarcal branco e autoritarismo. As duas primeiras seções estabelecem a relação histórica entre combustíveis fósseis e autoritarismo, por um lado, e combustíveis fósseis e domínio patriarcal branco, por outro. O restante do livro mobiliza a petro-masculinidade para entender a convergência explosiva dos três nos novos movimentos autoritários nos EUA. Aqui, concentro-me em uma análise psico-política do autoritarismo, propondo que o uso de combustíveis fósseis atue como uma compensação violenta para as ansiedades provocadas por crises de gênero e climáticas. O livro conclui com uma reflexão sobre a continuação deliberada dos regimes fósseis como uma prática misógina, adotando a compreensão de Kate Manne sobre misoginia, tais como as atividades de policiamento que punem desviantes e reforçam o domínio patriarcal.[16]

Combustíveis Fósseis e Políticas Autoritárias

Os combustíveis fósseis construíram o mundo moderno. A valorização desses combustíveis persiste - ou, pelo menos, do alto consumo energético que proporcionaram - como catalisadores da democracia liberal de massa. Isso é evidente nos apelos de economistas por um "Antropoceno benéfico" capaz de desvincular os benefícios dos combustíveis fósseis dos próprios combustíveis.[17] Afinal, embora a industrialização cause destruição planetária, sua expansão coincidiu com vitórias humanistas, como a abolição da escravidão, o aumento das taxas de alfabetização, a igualdade de gênero e a redução da pobreza. Dipesh Chakrabarty observa que isso não pode ser uma coincidência: "a mansão das liberdades modernas está erguida sobre uma base em constante expansão do uso de combustíveis fósseis. A maioria de nossas liberdades até agora tem sido intensiva em energia".[18]

No entanto, além dos danos ecológicos causados pelo petróleo e carvão, os combustíveis fósseis também causaram sérios danos políticos. Timothy Mitchell argumenta que eles tiveram efeitos contraditórios na construção da democracia.[19] Devido às características materiais do carvão, sua extração e fornecimento eram vulneráveis a pontos de estrangulamento que poderiam ser explorados pela resistência operária no século XIX. Já os sistemas de petróleo eram menos vulneráveis a "sequestros democráticos". Os sistemas petrolíferos globais do século XX exigiam medidas autoritárias e violentas por parte de estados ocidentais e empresas petrolíferas para garantir escassez artificial e, assim, lucros. No caso do petróleo, o Ocidente prega um credo democrático enquanto se beneficia e apoia regimes autoritários e movimentos extremistas no Oriente Médio e Norte da África. Da mesma forma, a extração de combustíveis fósseis e minerais foi garantida, dentro e fora dos EUA, por regimes racistas de salários diferenciais e acesso a benefícios, profundamente antidemocráticos por parte das corporações e dos estados que as apoiavam.[20]

A **democracia do carbono** surgiu, portanto, em unidade com – e dependente do – autoritarismo. Dito de forma mais contundente, políticas autoritárias foram historicamente parte integrante do projeto de garantir o domínio ocidental (fóssil). Por "domínio fóssil", refiro-me a uma lógica de governança dependente do consumo intensivo de combustíveis fósseis, tanto material quanto psico-politicamente. Esse domínio é mobilizado pelo "capital fóssil", termo de Andreas Malm para descrever como o capitalismo moderno foi erguido sobre a crença em um "crescimento auto-sustentável... soldado à combustão de combustíveis fósseis".[21] O capital fóssil requer um fluxo infinito e barato de energia fóssil para concentrar riqueza às custas de pessoas e ecossistemas, o que exige táticas autoritárias em certos contextos – um fenômeno amplamente documentado por teóricos pós-coloniais e pensadores do Sul global.[22]

Assim, o autoritarismo não é uma perversão da modernidade ou um risco latente das sociedades industriais, mas sim a própria medula da vida contemporânea baseada na queima de combustíveis fósseis. Não podemos confiar que, com o tempo, a criatividade superará suas possibilidades destrutivas.[23] As novidades e liberdades possibilitadas pela civilização fóssil estão entrelaçadas por uma violência horrível: embarcar nessa vida significa tanto desencadear extinções em massa quanto possibilitar a internet ou movimentos sociais globais.

A democracia do carbono busca ocultar esse lado destrutivo do público privilegiado – seja em oleodutos subterrâneos, em zonas industriais vizinhas a comunidades pobres e racializadas, ou na própria ideia de "jogar coisas fora". Da mesma forma, as práticas autoritárias exigidas pelo capital fóssil no Sul global foram geograficamente distanciadas das formas liberais de governança no Ocidente. Isso permitiu que muitos ocidentais ignorassem sua cumplicidade no autoritarismo fóssil e acreditassem que combustíveis fósseis e democracia liberal pudessem ser parceiros naturais e inevitáveis. A narrativa da **democracia fóssil virtuosa** é crucial não apenas para produção em larga escala da identidade dos EUA, mas também para suas masculinidades brancas hegemônicas. No entanto, como Aimé Césaire apontou há mais de 60 anos, a violência praticada pela Anglo-Europa no exterior retorna com um "terrível ricochete", e, apesar das justificativas, "a colonização se esmera em descivilizar o colonizador, em embrutecê-lo, na verdadeira acepção da palavra, em degradá-lo, em despertá-lo para os instintos ocultos, para a cobiça, para a violência, para o ódio racial, para o relativismo moral".[24]

Combustíveis Fósseis e Masculinidade

O público americano entende o lema "Make America Great Again" [*Tornar a América Grande Novamente*] de Donald Trump como uma homenagem a uma fantasia da vida americana em meados do século XX, quando homens brancos governavam seus lares incontestes - um modelo dependente de emprego estável para homens brancos, com salários para sustentar esposas e filhos. Nas palavras da repórter Zoe Chace, "para muitos, 'Make America Great Again' significava 'tornar os homens grandes novamente'".[25]

O lema de Trump é uma **petro-nostalgia**,[26] pois a realização do ideal patriarcal nos EUA dependia de um suprimento constante de combustíveis fósseis baratos. Carros, subúrbios e a família nuclear, centrados no trabalhador branco, formaram um triunvirato que vinculou os desejos dos estadunidenses não apenas ao trabalho assalariado, mas ao fornecimento contínuo de energia barata que tornava o sonho possível. Esses privilégios de consumo privatizados, junto com a infraestrutura do New Deal, visavam imunizar o público contra as ameaças gêmeas do comunismo e do fascismo, que passaram a espreitar a partir do pós-Guerra e da Grande Depressão.[27] No lado da oferta, especialmente antes da crise do petróleo nos anos 1970, o estado garantiu escassez artificial para lucro das petrolíferas.[28] No lado da demanda, o estado cultivou o desejo por petróleo, tornando seu consumo sinônimo do "sonho americano".

Por fim – um ponto crucial para este livro –, o estilo de vida estadunidense centrava-se em uma versão do domínio patriarcal branco, na qual a masculinidade hegemônica exigia consumo intensivo de energia e, para a classe trabalhadora, empregos ligados a sistemas fósseis (empregos distribuídos de forma desigual e racializada, muitas vezes para dividir trabalhadores e evitar revoltas).[29] Para muitos, extrair e queimar combustível era um ato de masculinidade branca e soberania estadunidense e o poder explosivo da combustão equivalia à virilidade.

Não surpreende que o acesso à energia barata e abundante tenha se tornado o *sine qua non* do bem-estar estadunidense – um direito exigido do estado e para o estado. Mesmo no século XXI, enquanto estadunidenses debatiam se saúde ou alimentação deveriam ser direitos, formou-se um consenso bipartidário de que "energia barata" seria um direito inalienável.[30] Assim, qualquer ameaça ao suprimento energético é vista como uma ameaça ao "sonho americano" e à posição dominante dos EUA no mundo.

"Make America Great Again" insiste em um otimismo ingênuo sobre a queima de combustíveis – como se não houvesse desvantagens, ou pelo menos nenhuma para brancos. Pesquisas pós-eleição de 2016 mostraram que a mensagem ressoou não apenas entre homens brancos, mas entre mais da metade das eleitoras brancas,[31] algumas das quais também se sentem seguras no *status quo* e rejeitam ameaças aos sistemas fósseis e/ou às masculinidades brancas hegemônicas. Pela lente nostálgica e ingênua da **petro-masculinidade**, o aquecimento global ou as regulamentações ambientais são vistos como insurgências comparáveis a feminismos e movimentos *queer* que "drenam" energia e poder do estado/família tradicional.

A petro-masculinidade entende a masculinidade como uma identidade socialmente construída que emerge "dentro de uma ordem de gênero que define a masculinidade em oposição à feminilidade e, ao fazê-lo, sustenta uma relação de poder entre homens e mulheres como grupos".[32] Seguindo R.W. Connell, masculinidades são múltiplas e envolvem disputas sobre qual versão se tornará hegemônica. A petro-masculinidade incorpora aspectos da masculinidade hegemônica tradicional, mas sua manifestação na extrema-direita estadunidense atual é melhor entendida como **hipermasculinidade** – uma postura reacionária que "surge quando agentes da masculinidade hegemônica se sentem ameaçados, inflando ou distorcendo sua masculinidade tradicional".[33]

Ela é reacionária em parte porque não é a única masculinidade hegemônica disponível no momento tardio-industrial dos EUA; talvez nem seja a mais dominante em termos no âmbito da relação entre gênero e os sistemas energéticos.[34] O **ecomodernismo**, por exemplo, tornou-se uma disposição ambiental proeminente com dimensões masculinizadas, especialmente entre homens da elite (vide Elon Musk).[35] Ao contrário do discurso dos "limites do crescimento" dos anos 1970, ecomodernistas afirmam que "não há conflito entre o crescimento econômico e os problemas ambientais" e que soluções tecnológicas (geralmente privadas) resolverão tudo.[36] Para eles, o crescimento não é um problema – é a solução, a base da inovação necessária para "consertar" o mundo.[37]

Segundo Martin Hultman, o ecomodernismo surgiu com uma mudança na masculinidade hegemônica no Ocidente, exemplificada pela trajetória de Arnold Schwarzenegger – de ícone do machismo nos anos 1980 a governador da Califórnia defendendo células eletroquímicas de combustível e SUVs "verdes". O ecomodernismo promoveu uma masculinidade híbrida, onde "dureza e determinação se misturam com momentos de compaixão e cuidado".[38] No entanto, assim como Sherilyn MacGregor, que critica a masculinização da segurança climática, Hultman insiste que o ecomodernismo, e as masculinidades do Vale do Silício frequentemente alinhadas a ele, são "assimétricos" na forma como organizam esses valores: cuidado e compaixão permanecem subordinados à tecno-racionalidade, à dureza e ao crescimento econômico.[39]

Em contraste com as masculinidades ecomodernistas, a petromasculinidade desdenha de qualquer verniz de hibridismo ou cuidado, e também não tem qualquer relação com o tecnocientificismo solar da Califórnia. A masculinidade ecomodernista pode buscar adaptar-se a novas tecnologias e culturas energéticas, mas a petromasculinidade, como uma postura reacionária, visa defender o status quo ameaçado, consolidando as petroculturas que historicamente sustentaram os homens anglo-europeus que queimam combustíveis fósseis. E, embora a petromasculinidade seja construída sobre fantasias da metade do século XX, não há nada nostálgico em sua orientação para os combustíveis fósseis. Afinal, o passado lendário do consumo inocente de combustíveis fósseis é irrecuperável. Na economia estadunidente do pós-guerra, os sistemas de combustíveis fósseis funcionavam como o meio para se tornar um homem de verdade – se queimá-los implicava violência, isso se produzia como um efeito colateral indesejado, que deveria ser torando invisível aos consumidores privilegiados. No entanto, os combustíveis fósseis tornaram-se um beco sem saída, tanto para o planeta quanto para a busca de empregos para a classe média. Nesse contexto, queimar combustíveis fósseis pode passar a funcionar como uma experiência conscientemente violenta, uma reafirmação do poder masculino branco em um planeta indisciplinado, percebido como cada vez mais necessitado de uma ordem violenta e autoritária.[40]

Uma Convergência Desastrosa: Masculinidade, Combustíveis Fósseis e Autoritarismo

Uma leitura político-econômica dos sistemas de combustíveis fósseis, como as empreendidas por Mitchell ou Huber, é indispensável para entender a formação do **autoritarismo fóssil**. A ameaça aos privilégios dependentes desses combustíveis pode motivar práticas autoritárias para garantir lucros contínuos e estilos de vida privilegiados. No entanto, como muitos apontam, os combustíveis fósseis podem não fazer mais sentido econômico para muitos eleitores nos EUA – muito menos para o planeta. As empresas de carvão já não oferecem os empregos estáveis e bem remunerados de outrora, uma tendência irreversível, independentemente do empenho de Trump em "trazer o carvão de volta".[41] Até mesmo o Texas, que cultiva sua identidade como titã do petróleo e gás, investe vigorosamente em energia eólica, que supre metade da demanda elétrica do estado.[42] Em regiões tradicionalmente ligadas a combustíveis fósseis, como nas montanhas Apalache, ao leste, ou no Texas, eles se tornaram símbolos conservadores de autonomia e autossuficiência, mais do que interesses econômicos reais para a maioria.[43]

Além da economia política, é crucial explorar as **dimensões psicoafetivas** dos combustíveis fósseis, especialmente os desejos coletivos daqueles cujas identidades estão atreladas às petroculturas. Esta seção articula o conceito de **petro-masculinidade** com estudos psico-políticos do autoritarismo. Os estudos primeiros da Escola de Frankfurt, de orientação freudiana – como em *A Personalidade Autoritária* (com contribuições de Theodor Adorno), um estudo sobre estadunidenses propensos ao fascismo e *Escape from Freedom* [*O medo à liberdade*] de Erich Fromm. Estes textos buscaram definir os traços da personalidade autoritária, uma figuração ideal, mais do que uma descrição de pessoas reais, ainda que largamente comum na vida pública. Muitos traços autoritários, quando amplificados e combinados, descrevem uma estrutura na qual indivíduos são "particularmente suscetíveis à propaganda antidemocrática".[44] E, como os desejos autoritários circulam por toda parte, embora com intensidades particulares, o autoritarismo persiste como uma tentação constante entre os coletivos democráticos.

Nesse sentido, Foucault, em seu prefácio ao *Anti-Édipo* de Deleuze e Guattari, buscou uma distinção conceitual entre o "fascismo histórico" e "o fascismo em todos nós, em nossas cabeças e em nosso comportamento cotidiano, o fascismo que nos faz amar o poder, desejar aquilo que nos domina e explora".[45]

Estudos psicológicos sobre autoritarismo no século XX são mais bem compreendidos como narrativas de movimentos históricos específicos, em vez de verdades científicas universais. No entanto, é possível identificar padrões. Um dos temas mais consistentes que atravessa os movimentos autoritários ocidentais é um sentimento generalizado de **ansiedade de gênero** – especialmente relacionado com a masculinidade.[46] Ideais patriarcais são proclamados com fervor (também por adeptos que se identificam como mulheres), mas sob a obsessão pela hipermasculinidade esconde-se o medo da fragilidade social do masculino e a sensação de inadequação pessoal. Crises capitalistas, como a Grande Depressão dos anos 1930 ou a crise de 2008, exacerbam essa insegurança, dificultando a conquista do emblema moderno da masculinidade: um emprego que sustente a família. *A Personalidade Autoritária* nota que homens com traços autoritários demonstram "medos profundos de fraqueza", associados à "não-masculinidade". Para compensar, adotam defesas de **pseudo-masculinidade**: tais como "ostentação de determinação, energia, independência, prontidão, e força de vontade".[47]

Essa ansiedade de gênero entrelaça-se com outro traço autoritário: o **sadomasoquismo**. Afinal, demonstrações masculinas de força e independência parecem estar em desacordo com a submissão incondicional a um líder autoritário. Como Fromm argumenta, "*a ânsia por poder não nasce da força, mas da fraqueza*... É uma tentativa desesperada de ganhar força secundária onde a genuína falta".[48] Em outras palavras, o sadomasoquismo reflete um desejo de dominar os outros, excitado e, ao mesmo tempo, frustrado pelo próprio sentimento de impotência. O fracasso do capitalismo fóssil em sustentar a ordem masculina branca - que ele mesmo ajudou a erigir, com salários e mercadorias - intensifica a sensação de impotência coletiva. Para manifestar poder, a personalidade autoritária é forçada a submeter seu impulso de dominação a uma força externa (Deus, o mercado, um líder militar ou tirânico). Ou a queima de combustíveis fósseis.

A petro-masculinidade revela como a masculinidade pode ser reafirmada pela **obediência ao petróleo.** O petróleo encapsula as contradições do sadismo e do masoquismo presentes na personalidade autoritária: é dureza (do grego *petra*, rocha) e fluxo (o líquido gerado por decomposição sob pressão). É morte (fósseis) e vida (energia), compressão e escape. Como "dureza", *petro-* capta o desejo de solidificar a masculinidade, protegendo-a da dissolução. A **rigidez** é outro traço autoritário onipresente. Em *Male Fantasies*, Klaus Theweleit estuda os *freikorps* proto-nazistas, e sua concepção do corpo masculino como um dique contra fluxos ameaçadores:

Nenhum dos fluxos que mencionamos pode ser permitido. Ele busca impedir todos: fluxos "imaginários" e reais, de esperma e desejo... Nenhuma gota pode vazar pela casca do corpo. Uma única gota de prazer... ameaça minar todo o sistema (o sistema de diques).[49]

Theweleit conecta a teoria feminista e a economia política, o medo do feminino ao medo dos comunistas – ambos motores do nazismo inicial – e vincula o pavor ao fluxo às forças da industrialização. Baseando-se em Deleuze e Guattari, Theweleit conecta o medo do fluxo dos *freikorps* às forças da industrialização.

Aqui, intuímos como os combustíveis fósseis alimentam desejos autoritários. Theweleit descreve a industrialização como a abertura de "fronteiras de um potencial produtivo humano até então desconhecido, liberando fluxos de dinheiro, mercadorias e trabalhadores".[50] Paralelamente, porém, a elite capitalista erige um "processo de limitação" dos prazeres, um esforço para capturar excedentes 'e evitar que novas possibilidades se tornem liberdades'.[51] Desejos transgressores não codificados na forma do dinheiro - especialmente desejos *queer* ou femininos não administrados - não podem fluir. Baseando-se em Deleuze e Guattari, Theweleit conecta o medo do fluxo dos *freikorps* às forças da industrialização. É a imagem ocidental da mulher, uma imagem que "vive na água",[52] que passa a representar o fluxo enquanto tudo o que ameaça escapar e dissolver a egoização masculina. Como observa Barbara Ehrenreich, "os corpos das mulheres são os buracos, pântanos, poços de lama que podem engolir", e por isso eles, talvez mais do que tudo, inspiram repulsa e medo.[53]

A contenção do desejo no corpo e no estado autoritário justifica-se como necessária para preservar a força e direcionar a energia para vias "produtivas". Fluxo excessivo desejo demais, sugam sua "energia", deixando-a vazar em afluentes pantanosos e desperdiçadores, ameaçando torná-la macia e efeminada. Essa rigidez é especialmente urgente quando a própria energia está ameaçada. Essa rigidez – frequentemente definida como uma barreira ao corpo masculino – reaparece em todos os lugares onde o autoritarismo se instala. No livro *The Reactionary Mind*, Corey Robin nota que conservadores americanos acreditam que o New Deal "amoleceu" os EUA minou a energia e o vigor patriarcal da nação. Em vez de maridos robustos e pais firmes controlando suas esposas e filhos, burocratas balbuciantes e assistentes sociais efeminados agora comandavam o espetáculo. A Segunda Guerra Mundial exacerbou o problema: com tantos homens na frente de batalha e mulheres trabalhando nas fábricas, a autoridade masculina foi ainda mais erodida.[54]

A solução para os EUA tornado queer e amolecido seria endurecê-lo novamente, canalizar estreitamente o desejo para os fluxos da heterossexualidade e do dinheiro, e redirecionar todos os desejos excessivos para a violência.[55]

Movimentos protofascistas nos EUA que celebram a vitória de Trump também combinam a rigidez masculina com a violência. Como líder proto-autoritário, só a Trump é permitido o relaxamento em seus hábitos; suas ostentações "pseudomasculinas" de façanhas sexuais e negócios agressivos servem como vias que canalizam os desejos reprimidos de seus seguidores.[56] Enquanto isso, seu vice, Mike Pence, é excessivamente, até mesmo comicamente, rígido e antissexual, celebrado entre os evangélicos por evitar passar qualquer tempo a sós com mulheres que não sejam sua esposa. E quanto aos seguidores de Trump? Embora mais estudos empíricos sejam necessários, um grupo de ódio chamado *The Proud Boys* oferece um exemplo ilustrativo. Os *Proud Boys* são uma organização masculina branca que se associou aos distúrbios fascistas de 2017 em Charlottesville, Virgínia, e cujos membros buscam restabelecer os papéis tradicionais de gênero por meio da "veneração da dona de casa".[57] Sua plataforma reverte a vergonha do consumo branco e do imperialismo: para alcançar o primeiro dos três "graus" necessários para ingressar no grupo, um membro declara: "Sou um chauvinista ocidental e me recuso a me desculpar por criar o mundo moderno". O segundo grau envolve aguentar uma surra enquanto diz o nome dos cereais matinais, e também "nada de punhetas", ou limitar a masturbação a no máximo uma vez por mês, uma prática que um *Proud Boy* descreve como "mais uma religião". O membro do grupo Dante explica que "[a masturbação] me silencia. Ela silencia minha masculinidade".[58] O terceiro grau final é fazer uma tatuagem dos *Proud Boys*.

Promessas de poder branco [*white power*], cereais matinais e masturbação podem, à primeira vista, parecer brincadeiras de adolescentes, mas, no contexto dos Estados Unidos de Trump, são extremamente sérias. Como ritos de iniciação, aderem à análise de Theweleit sobre as práticas corporais de grupos protofascistas. Ao manter a calma durante as agressões e limitar a masturbação (tornando o corpo rígido), os *Proud Boys* visam aprimorar sua masculinidade e, por sua vez, obter mais sucesso com mulheres "reais", que, no entanto, permanecem, como entre os *freikorps*, recônditas e imaginárias, prestes a humilhar-lhes. Por trás das táticas de rigidez, esconde-se uma sensação de fracasso pessoal; uma frustração compartilhada entre homens brancos que lutaram para encontrar uma dona de casa disposta a receber sua veneração. Chace, que entrevistou líderes de grupo, explica que a rigidez parecia funcionar como uma inspiração que levaria os homens a "sair, conversar com as mulheres e então se casar com elas, procriar, ser fortes homens de família americanos, ajudar a restaurar a ordem natural das coisas que havia sido desequilibrada pelo feminismo".[59]

Embora muitos grupos de extrema direita, incluindo os *Proud Boys*, possam não se organizar explicitamente em torno dos combustíveis fósseis, é importante considerar sua rigidez misógina em relação aos excessos movidos a combustíveis fósseis praticados por seus reverenciados líderes. Visto pela lente de Theweleit, o contraste entre as apalpadas de Trump, a pureza patriarcal de Pence e as #sempunheta [#nowanks] dos *Proud Boys* não é tão contraditório quanto pode parecer. Só Trump consegue fluir. Com suas esposas supermodelos e supostos casos extraconjugais com estrelas pornôs, ele vive as fantasias de seus seguidores.[60] Mas a liberação vicária do vigor patriarcal frustrado por meio da proeza sexual do líder autoritário representa apenas um método de redirecionar o desejo. Como em Theweleit, quanto mais intensamente os próprios desejos produtivos são reprimidos, mais se anseia pela liberação violenta e explosiva de fluxos em outros lugares: fluxos destrutivos no lugar dos produtivos.

Petro: duro e suave. Tanto a solidificação da masculinidade tóxica quanto os fluxos imundos e mortais (petróleo, gás) liberados como compensação psicológica por essa autodisciplina. Assim como a crueldade dos *freikorps* ou o clamor para torturar detentos após o 11 de setembro analisado por Robin, a queima de combustíveis fósseis em uma era de aquecimento global pode oferecer uma prática compensatória de violência. Os sistemas de combustíveis fósseis fornecem um domínio para o desapego explosivo e todos os prazeres que o acompanham – perfuração, escavação, fraturamento hidráulico [*fracking*], remoção do topo de montanhas, caminhões a diesel. Nas palavras de Sarah Palin, "drill, baby, drill!" [fure, baby, fure!][61]

A estética dos combustíveis fósseis – em particular do petróleo – está pronta para ser recodificada como expressão de poder sexualizado e satisfação orgástica. Os paralelos entre estupro e extrativismo foram bem documentados.[62] Stephanie LeMenager escreve sobre "as associações primordiais do petróleo com o corpo da Terra, portanto com a permeabilidade, o excesso e a multiplicidade de todos os corpos", de tal forma que "o espetáculo [do petróleo] jorrando da Terra sugere origens divinas ou satânicas, uma condição que lhe confere um valor inerente dissociado das relações sociais".[63] No romance Oil!, de Upton Sinclair, LeMenager também observa como um poço jorrante se torna uma mulher orgástica ("Ela jorrou!"), enquanto "para um narrador masculino de treze anos, a poluição e o desperdício em escala industrial se traduzem em excitação e ejaculação precoce".[64]

Uma compreensão psicopolítica do autoritarismo e de sua demanda por rigidez masculina aponta para a função social e as vantagens obtidas com essa violência petrossexual. Por exemplo, as indústrias de combustíveis fósseis têm se aproveitado amplamente da dimensão de gênero dos combustíveis fósseis. Shannon Elizabeth Bell descreve como, mesmo com a indústria do carvão proporcionando menos benefícios às comunidades dos Apalaches, ela buscou manter o apoio da comunidade por meio de uma influente campanha de relações públicas para "Friends of Coal" [Amigos do Carvão]. A *Friends of Coal* comercializou intensamente símbolos masculinos tradicionalmente agressivos, vinculando o carvão ao futebol americano, à Associação Nacional de Corridas de Stock Car (NASCAR), à caça, à pesca, às forças armadas e a outras imagens de "provedor e defensor", de modo que "ao reforçar a imagem hegemônica do provedor da classe trabalhadora como homem, e um homem particularmente *masculino*, as imagens neste comercial lubrificam o processo da indústria do carvão como sinônimo do provedor familiar".[65] Da mesma forma, o amor declarado de Trump pelo carvão é mais frequentemente expresso por meio do discurso de colocar os mineiros para trabalhar, uma promessa que ressoa fortemente em uma comunidade preparada para associar empregos na mineração à identidade masculina. Em outras palavras, Trump e seus apoiadores "escavam carvão" (um slogan popular de campanha) porque é um ícone de empoderamento masculinista.

Outra tendência recente, o "rollin' coal", exemplifica a violência fossilizada dos combustíveis fósseis vivenciada como um poder masculinizado. Rollin' coal significa adaptar um caminhão a diesel para que seu motor possa ser inundado com excesso de gasolina, produzindo espessas plumas de fumaça preta. O carvão, que não é realmente queimado, funciona como um símbolo do poder industrial expresso como poluição. O caminhão se torna sua própria mini-fábrica, completa com chaminés fumegantes; o motorista se torna um barão do carvão. O rollin' coal é popular há muito tempo no mundo das corridas de caminhões a diesel, mas em 2014, a prática surgiu nas estradas como um protesto conservador contra o ambientalismo, a Agência de Proteção Ambiental (EPA) e, logo depois, contra os manifestantes anti-Trump.

É difícil estimar sua frequência, mas a tendência de soltar fumaça se tornou comum o suficiente para que alguns estados, incluindo Nova Jersey, Maryland e Colorado, tenham aprovado medidas proibindo-o especificamente;[66] o Departamento de Saúde e Meio Ambiente do Colorado também criou uma "escola da fumaça" que treina policiais para aplicar a proibição.[67] O Instagram tem mais de 300.000 postagens marcadas com rolling coal[68] enquanto dezenas de milhares de vídeos gerados por usuários mostram (principalmente) homens lançando fumaça sobre motociclistas, manifestantes e carros híbridos, especialmente os da marca Prius, figurando como um "repelente de Prius", contra carros híbridos que se tornaram amplamente reconhecidos como símbolos do consumismo verde. Gênero e raça também desempenham um papel na seleção de alvos; tornou-se popular soltar fumaça sobre "queimadores de arroz" (carros de fabricação asiática)[69] e em pedestres mulheres desavisadas ("garotas gostosas").[70] Um comentarista chamou apropriadamente os vídeos de "pornografia da poluição".[71] Essas práticas estão envoltas em um discurso hipermasculino ("É só uma coisa de testosterona. É masculinidade", disse Sean Miller à revista Slate).[72]

Espectadores e soltadores de fumaça expressam prazer com o barulho, o cheiro e a beleza da fumaça, tudo isso lhes dá uma sensação de poder que, não por coincidência, sugiro, está diretamente relacionada aos efeitos violentos da fumaça. Um homem disse à Vice News que as pessoas soltam fumaça porque é uma sensação boa: "Quando você senta lá e consegue ouvir e ver a potência, isso mexe com as pessoas por aqui. Deixa-as tontas. Acontece naturalmente, mas há um efeito de admiração".[73] O Denver Post descreveu a prática como "uma maneira de se divertir às custas de outras pessoas"[74] – uma descrição adequada dos desejos que animam a petro-masculinidade.

Entre os *Proud Boys*, que proclamam o chauvinismo branco e ocidental, ou entre soltadores de fumaçaque se deleitam com a poluição ostensiva,[75] o autoritarismo fóssil de Trump faz sentir bem porque rompe as restrições da hipocrisia liberal e ocidental. Apesar da ocasional pretensão de inocência, o autoritarismo fóssil se destaca precisamente porque o consumo de combustíveis fósseis se tornou inegavelmente destrutivo em uma era de aquecimento global. Controlar os combustíveis fósseis e ser controlado por eles passa a ser considerado uma prática de poder/ser dominado, especialmente porque se tornou um jogo de vida ou morte, de flertar com o apocalipse. A violência fóssil é trazida à tona e celebrada – um alívio bem-vindo da culpa, da resignação e, muitas vezes, da paralisia que, de outra forma, assolam o Ocidente diante do aquecimento global. O círculo de preocupações foi reduzido, em uma taxonomia moral satisfatoriamente simples, aos prazeres dos pais de famílias brancas, única garantia do bem-estar dos membros legítimos de sua família (por exemplo, mulheres brancas, animais de estimação, caminhões, crianças brancas, vizinhos brancos). O paterfamilias tem justificativa para usar todas as ferramentas à sua disposição – carvão, petróleo, bunkers de sobrevivência, armas, muros de fronteira – para proteger sua família contra outros insurgentes.

Quando a petro-masculinidade está em jogo, a negação climática é, portanto, melhor compreendida através do desejo, em vez de uma falha de comunicação científica ou da razão. Em outras palavras, o apego à retidão dos estilos de vida baseados em combustíveis fósseis e a todas as hierarquias que dependem deles produz um desejo não apenas de negar, mas de recusar as mudanças climáticas. Recusar as mudanças climáticas é diferente de ignorá-las, que é efetivamente o que muitas pessoas que, de outra forma, reconhecem sua realidade fazem.[76] Ignorar também pode ser perigoso, mas é uma disposição passiva, frequentemente conectada a emoções de frustração ou confusão, ou mesmo medo. A recusa é ativa. Raivosa. Exige luta. No caso das mudanças climáticas, ao recusá-las, também se subscreve a um investimento acelerado em petroculturas. A recusa não pode mais se contentar em defender o status quo, mas deve prosseguir com a intensificação dos sistemas de combustíveis fósseis até o último momento, o que frequentemente exigirá o recurso a políticas autoritárias.

O conceito de petro-masculinidade nos alerta para catalisadores psicopolíticos adicionais que podem alimentar a política do bote salva-vidas armado no Ocidente. Mais especificamente, desejos autoritários provavelmente serão despertados não apenas pela aparição do Outro às portas – por exemplo, refugiados climáticos do Sul global – mas também como uma reação a inimigos percebidos dentro do Estado, tanto humanos quanto não humanos. Isso pode incluir pessoas pobres de cor em cidades devastadas por furacões como Nova Orleans ou Houston, ou movimentos feministas e de ecojustiça em sua luta para minar a masculinidade e os combustíveis tóxicos; pode também incluir o aquecimento global, mega tempestades, acidificação dos oceanos, mortandade de peixes e outros fenômenos que parecem uma afronta à resiliência dos combustíveis fósseis. Além da possibilidade de violência contra os pobres, também devemos ter atenção com os momentos em que a violência de gênero e a violência induzida pelas mudanças climáticas aparecem simultaneamente, nos quais o reforço de binarismos de gênero ou heteronormatividade funcionam em conjunto com a blindagem dos botes salva-vidas.

Conclusão: Violência Fóssil e Misoginia

A vida movida a combustíveis fósseis sempre foi violenta, mas muito esforço foi despendido para tornar o sofrimento subterrâneo e o mais invisível possível para os consumidores privilegiados dos EUA. No entanto, o sistema industrial e capitalista construído para esconder seus resíduos, com suas tubulações subterrâneas, lixo desviado, lixões oceânicos e fantasias contábeis, está se desintegrando. A morte está sobrecarregando os paredões costeiros e inundando de volta os núcleos cuidadosamente higienizados do privilégio. A crença ocidental no corpo impenetrável, "enfiados como pequenos hobbits na segurança de nossa toca", como Timothy Morton encantadoramente o descreve, tornou-se cada vez mais insustentável.[77]

Vazamentos podem ser encarados com receptividade ou hostilidade. A maior parte de ativistas e pessoas nas universidades ambientalmente conscientes busca a primeira opção. O objetivo é desenvolver uma ética e uma capacidade emocional para viver em uma Terra marcada por mudanças radicais e mortes em massa periódicas, evitando, ao mesmo tempo, uma fuga para o niilismo ou o transcendentalismo.[78] Uma série de propostas criativas está surgindo, todas buscando modos de vida menos antropocêntricos e mais sintonizados com a morte e a decadência: viver "em meio às ruínas capitalistas",[79] "vida póstuma",[80] "aprender a morrer no Antropoceno",[81] "tentar perecer melhor",[82] "amar seus monstros',[83] futuro *queer* e fracasso, fazer parentes em vez de bebês,[84] ou arte como 'trabalho de luto' para 'depois do fim do mundo'.[85]

No entanto, o trabalho de luto pode ser decididamente desagradável, especialmente quando táticas de evasão estão prontamente disponíveis. O problema-chave que confronta essas propostas é o do desejo. Embora essa dificuldade seja devidamente reconhecida, apenas começamos a imaginar estratégias alternativas de desejo para a nova Terra. A permeabilidade de nossos corpos e os resíduos permeáveis que permeiam a vida moderna podem ser a realidade de nossa existência, e podemos até acreditar que devemos cuidar deles, mas eles podem causar mais repulsa do que sedução. À medida que as eras de vazamento se multiplicam e as táticas neoliberais vacilam, o desejo de sustentar o corpo e o Estado pode se tornar um impulso autoritário, uma obsessão por um futuro purificado. A vida nas ruínas tem tanta probabilidade de invocar raiva quanto generosidade. Queimar fumaça e outros métodos dos combustíveis fósseis tornam-se armas tentadoras para a busca de vingança contra as forças que ameaçam as ordens petro-patriarcais.

A violência fóssil pune mais obviamente a Terra (sempre aliada à feminilidade no imaginário ocidental), mas também deve ser apreciada como uma tática misógina, se seguirmos Kate Manne para pensar a misoginia não como uma crença individual - o ódio às mulheres -, mas sim como um conjunto de práticas, como "o sistema que policia e aplica" as normas do governo patriarcal.[86] Manne argumenta que a definição tradicional de misoginia, como uma crença extrema, torna excessivamente difícil declarar sua presença. Ficamos atolados em debates sobre os verdadeiros significados e intenções de um perpetrador. No entanto, se a misoginia for entendida como uma prática policial, o foco muda da decodificação das visões de mundo do misógino para o detalhamento do sofrimento de seus alvos, abrindo espaço para manifestações estruturais e diretas de violência. Usando a lógica da misoginia de Manne, fica muito mais fácil reconhecer e contestar o padrão de agressão onipresente vivenciado por mulheres e outres considerades desviantes de gênero.

O foco de Manne, compreensivelmente, recai em grande parte sobre as mulheres como principais alvos da misoginia, especialmente quando são percebidas como transgressoras das normas patriarcais e/ou quando se cruzam com outras identidades marginalizadas (mulheres negras, mulheres *queer* ou mulheres trans, por exemplo, correm maior risco). No entanto, não vejo razão para não colocar a reconceitualização útil da misoginia feita por Manne em diálogo com o ecofeminismo, a fim de analisar todas as outras formas de violência cometidas em nome do policiamento das normas do patriarcado ocidental branco. Isso poderia incluir alguns casos de violência contra o planeta e seus oceanos, animais não humanos, cursos d'água e montanhas.

Afirmar que a violência fóssil é misógina não implica em que as normas de gênero oferecem uma explicação totalizante para o consumo de combustíveis fósseis e o autoritarismo que ele sustenta. Em vez disso, significa reconhecer que as identidades de gênero têm algo a ver com os prazeres da vida com combustíveis fósseis e bastante a ver com as versões mais extremas do autoritarismo fóssil. A extração e o consumo de combustíveis fósseis podem funcionar como uma performance de masculinidade, mesmo que também sirva aos interesses do capitalismo fóssil. Da mesma forma, o conceito de petro-masculinidade enfatiza que o aquecimento global pode, às vezes, ser interpretado como uma ruptura na barragem patriarcal. Ele nos alerta para a possibilidade de que as mudanças climáticas possam catalisar desejos fascistas de garantir um *lebensraum* [espaço vital, tal como na formulação nazista], um espaço de vida, uma casa protegida do espectro da ameaça dos outros, sejam poluentes, imigrantes ou desviantes de gênero. Levar a petro-masculinidade a sério significa prestar atenção nos desejos frustrados dos patriarcados privilegiados à medida que eles perdem suas fantasias fósseis.

Notas

[1] Bill McKibben, 'Global Warming's Terrifying New Math', *Rolling Stone*, 19 July 2012. Disponível em: https://www.rollingstone.com/politics/news/global-warmings-terrifying-new-math-20120719. Acesso em 28 de Maio de 2018.

[2] Jairus Grove, 'The New Nature', *Boston Review*, 11 January 2016. Disponível em: http://bostonreview.

net/forum/new-nature/jairus-grove-jairus-grove-response-jedediah-purdy. Acesso em 28 de Maio de 2018.

[3] Anthony Burke et al., 'Planet Politics: A Manifesto from the End of IR', *Millennium: Journal of International Studies* 44, n. 3 (2016): 507.

[4] Agradeço o trabalho de revisão que sugeriu um diálogo com os trabalhos de Buxton e Hayes.

[5] Christian Parenti, 'The Catastrophic Convergence: Militarism, Neoliberalism and Climate Change', in *The Secure and the Dispossessed: How the Military and Corporations Are Shaping a Climate-Changed World*, eds. Ben Hayes and Nick Buxton (Londres, Pluto Press, 2016), 35.

[6] Christian Parenti, *Tropic of Chaos: Climate Change and the New Geography of Violence* (Nova Iorque, Nation Books, 2011).

[7] O campo emergente dos estudos de energia nas humanidades foca neste aspecto. Ver, por exemplo os trabalhos de Sheena Wilson, Adam Carlson, e Imre Szeman, eds., *Petrocultures: Oil, Politics, Culture* (Montreal, McGill-Queen's University Press, 2017); Stephanie LeMenager, *Living Oil: Petroleum Culture in the American Century* (Nova Iorque, Oxford University Press, 2016); Matthew T. Huber, *Lifeblood: Oil, Freedom, and the Forces of Capital* (Minneapolis, University Of Minnesota Press, 2013); Timothy Mitchell, *Carbon Democracy: Political Power in the Age of Oil* (Londres, Verso, 2013).

8. Aaron M. McCright e Riley E. Dunlap, 'Cool Dudes: The Denial of Climate Change among Conservative White Males in the United States', Global Environmental Change 21, n. 4 (2011): 1163–72. Agradeço a sugestão desse trabalho pelos revisores deste trabalho.

9. Esta reflexão se baseia nas pesquisas feministas sobre as dimensões de gênero da violência. Ver, por exemplo, Laura Sjoberg, 'Gender/Violence in a Gendered/Violent World', Millennium 42, n. 2 (2014): 532–42; Paul Kirby and Marsha Henry, 'Rethinking

Masculinity and Practices of Violence in Conflict Settings', International Feminist Journal of Politics 14, n. 4 (2012): 445–49; Paul Kirby, 'How Is Rape a Weapon of War? Feminist International Relations, Modes of Critical Explanation and the Study of Wartime Sexual Violence', European Journal of International Relations 19, n. 4 (2012): 797–821; Annick T.R. Wibben, Feminist Security Studies: A Narrative Approach (Londres e Nova Iorque, Routledge, 2011).

10. Christina Shaheen Moosa e Nancy Tuana, 'Mapping a Research Agenda Concerning Gender and Climate Change: A Review of the Literature', Hypatia 29, n. 3 (2014): 677–94; Chris Cuomo, 'Climate Change, Vulnerability, and Responsibility', Hypatia 26, n. 4 (2011): 690–714; Seema Arora-Jonsson, 'Virtue and Vulnerability: Discourses on Women, Gender, and Climate Change', Global Environmental Change 21, n. 2 (2011): 744–51; Julie Nelson, 'Economists, Value Judgments, and Climate Change: A View from Feminist Economics', Ecological Economics 65, n. 3 (2007): 441–47; Sherilyn MacGregor, '"Gender and Climate Change": From Impacts to Discourses', Journal of the Indian Ocean Region 6, n. 2 (2010): 223–38.

11. MacGregor, '"Gender and Climate Change"'.

12. Ironicamente, Hultman aponta que R.W. Connell ('A Whole New World') formula o conceito de 'masculinidade hegenômica' a partir do tema da participação de homens em movimentos ambientalistas. Hultman também faz referência aos estudos rurais sobre masculinidade e ambiente como uma exceção importante. Por exemplo, ver Shannon Bell e Yvonne Braun, 'Coal, Identity, and the Gendering of Environmental Justice Activism in Central Appalachia', Gender & Society 24, n. 6 (2010): 794–813; Shannon Bell and Richard York, 'Community Economic Identity: The Coal Industry and Ideology Construction in West Virginia', Rural Sociology 75, n. 1 (2010): 111–43.

13. Sherilyn MacGregor, 'A Stranger Silence Still: The Need for Feminist Social Research on Climate Change', The Sociological Review 57, n. 2 (2009): 124–40.

14. Parenti, Tropic of Chaos, 7.

15. Mesmo restringindo-se aos EUA corre-se o risco de uma simplificação excessiva, uma vez que a atribuição de gênero aos combustíveis fósseis varia dentro das regiões, por exemplo, como acontece entre os mineiros de carvão dos Apalaches e a cultura tecnológica do Vale do Silício..

16. Kate Manne, Down Girl: The Logic of Misogyny (New York, Oxford University Press, 2017).

17. John Asafu-Adjaye et al., An Ecomodernist Manifesto (Oakland, The Breakthrough Institute, 2015).

18. By Dipesh Chakrabarty, 'The Climate of History: Four Theses', Critical Inquiry 35, n. 2 (2009): 208.

19. Mitchell, Carbon Democracy.

20. Robert Vitalis, America's Kingdom: Mythmaking on the Saudi Oil Frontier (Palo Alto, Stanford University Press, 2007).

21. Andreas Malm, Fossil Capital: The Rise of Steam Power and the Roots of Global Warming (Brooklyn, Verso Books, 2016).

22. Ver, por exemplo, Aimé Césaire, Discourse on Colonialism, trad. Joan Pinkham (New York, Monthly Review Press, 2000), edição brasileira: Discurso sobre o colonialismo. Tradução de Cláudio Willer, São Paulo, Veneta, 2020; Walter Mignolo, The Darker Side of Western Modernity: Global Futures, Decolonial Options (Durham, Duke University Press, 2011); Sylvia Wynter,'Unsettling the Coloniality of Being/Power/Truth/Freedom: Towards the Human, After Man, Its Overrepresentation – An Argument', CR: The New Centennial Review 3, n. 3 (2003): 257–337; Frantz Fanon, The Wretched of the Earth, trad. Richard Philcox (New York, Grove Press, 2005) edição brasileira: Os condenados da terra. Tradução

Regina Salgado Campos. São Paulo, Zahar, 2022; W.E.B. DuBois, 'Worlds of Color', Foreign Affairs 3, n. 3 (1925): 423–44.

23. Jairus Grove escreve que "a história não é uma série de destruições criativas nem de criatividades destrutivas, como se a criação ou a destruição pudessem ter primazia como força motriz da existência". Jairus Grove, 'Of an Apocalyptic Tone Recently Adopted in Everything: The Anthropocene or Peak Humanity?', Theory & Event 18, n. 3 (2015).

24. Césaire, Discourse on Colonialism, 35–6.

25. 'White Haze', This American Life, National Public Radio, 22 de Setembro de 2017. Disponível em:https://www.thisamericanlife.org/626/white-haze.

26. Tomei emprestado o termo "petro-nostalgia" de uma conversa entre Dominic Boyer, Cymene Howe e Timothy Mitchell no podcast 'Cultures of Energy', episódio 57, 16 de Fevereiro de 2017. Disponível em: at http://culturesofenergy.com/ep-57-timothy-mitchell/.

27. Huber, Lifeblood, 33.

28. Iain A. Boal et al., Afflicted Powers: Capital and Spectacle in a New Age of War (New York, Verso, 2005); Daniel Yergin, The Prize: The Epic Quest for Oil, Money & Power (New York, Free Press, 2008); Mitchell, Carbon Democracy; Huber, Lifeblood.

29. Robert Vitalis mostra como essas políticas foram instituídas por empresas petrolíferas dos EUA na Arábia Saudita. Ver Vitalis, America's Kingdom.

30. Por exemplo, aumentos nos preços dos combustíveis em postos de gasolina frequentemente geram ampla cobertura da mídia nos EUA e comprovadamente afetam os índices de aprovação presidencial. Em uma pesquisa de 2005, realizada enquanto os preços dos combustíveis estavam subindo, oito em cada dez eleitores concordaram que os altos preços da gasolina eram "injustos", e a maioria acreditava que o presidente George W. Bush poderia tomar medidas para reduzi-los. Ver Laurel Harbridge, Jon Krosnick

e Jeffrey Wooldridge, 'Presidential Approval and Gas Prices: Sociotropic or Pocketbook Influence?', in Political Psychology: New Explorations, eds. Jon A. Krosnick, I-Chant A. Chiang, and Tobias H. Stark (New York, Routledge, 2017), 246–75; Joseph Carroll e Jeffrey Jones, 'Nearly 8 in 10 Americans Call Gas Prices "Unfair"'. 6 de Maio de 2005. Disponível em: http://news.gallup.com/poll/16171/Nearly-Americans-Call-Gas-Prices-Unfair.aspx.

31. Eleitoras brancas apoiaram mais os candidatos presidenciais republicanos do que democratas na história recente dos EUA. Raça, ideologia conservadora e aborto são provavelmente dimensões-chave que explicam essa tendência. É um lembrança importante de que as mulheres não são uma categoria essencializada. Ver '2016 Election Results: Exit Polls', CNN.com. Disponível em: http://www.cnn.com/election/2016/results/exit-polls. Acesso em 14 de Abril de 2018.

32. Robert W. Connell, 'A Whole New World: Remaking Masculinity in the Context of the Environmental Movement', Gender & Society 4, n. 4 (1990): 454.

33. Anna M. Agathangelou e LHM Ling, 'Power, Borders, Security, Wealth: Lessons of Violence and Desire from September 11', International Studies Quarterly 48, n. 3 (2004): 519.

34. Aqui, examino os modos dominantes de masculinidade. Infelizmente, isso ignora os esforços iniciais para reimaginar masculinidades ecologicamente mais generosas, adequadas a um planeta em transformação. Por exemplo, ver Mark Allister, ed., Eco-Man: New Perspectives on Masculinity and Nature (Charlottesville, University of Virginia Press, 2004).

35. Jonas Anshelm e Martin Hultman, 'A Green Fatw⊠? Climate Change as a Threat to the Masculinity of Industrial Modernity', NORMA 9, n. 2 (2014): 84–96; Martin Hultman, 'The Making of an Environmental Hero: A History of Ecomodern Masculinity, Fuel Cells and Arnold Schwarzenegger', Environmental Humanities 2, n. 1 (2013): 79–99.

36. Hultman, 'The Making of an Environmental Hero', 90–91.

37. Ibid., 95.

38. Anshelm and Hultman, 'A Green Fatw⊠?', 92.

39. Hultman, 'The Making of an Environmental Hero', 97–98; Nelson, 'Economists, Value Judgments, and Climate Change'.

40. Esta é uma referência intencional ao título da análise de William Connolly sobre a direita cristã, *Capitalismo e Cristianismo, Estilo Americano* [Christian right, Capitalism and Christianity, American Style]. O autoritarismo fóssil é a mais recente instanciação da formação política que Connolly traça e, não por coincidência, Connolly foi um dos poucos a prever a ameaça do fascismo muito antes da ascensão de Trump ao poder.

41. Bell e York, 'Community Economic Identity'.

42. Lawrence Wright, 'The Dark Bounty of Texas Oil', The New Yorker, 1° de Janeiro de 2018.

43. Uma exceção importante é o gás natural, que se tornou uma indústria lucrativa e em crescimento. No entanto, apesar dos riscos reais do fracking, o gás natural é frequentemente considerado um combustível ecologicamente correto e, portanto, não apresenta os mesmos efeitos violentos do petróleo e do gás.

44. Theodor Adorno et al., The Authoritarian Personality (New York, Harper & Brothers, 1950), 1. Edição brasileira: Estudos sobre a personalidade autoritária. Tradução Virgínia Costa. São Paulo, UNESP, 2019.

45. Prefácio de Michel Foucault, para Anti-Oedipus: Capitalism and Schizophrenia, Gilles Deleuze e Félix Guattari (Nova Iorque, Continuum, 2004), xv.

46. Para mais informações sobre a associação entre masculinidade e autoritarismo, ver J.A. Mangan, ed., Superman Supreme: Fascist Body as Political Icon (New York, Routledge, 2000); Barbara Spackman, Fascist Virilities (Minneapolis, University Of

Minnesota Press, 1996). Disponível em: https://www.upress.umn.edu/book-division/books/fascist-virilities; Sandro Bellassai, 'The Masculine Mystique: Antimodernism and Virility in Fascist Italy', Journal of Modern Italian Studies 10, n. 3 (2005): 314–35; Bill E. Peterson and Eileen L. Zurbriggen, 'Gender, Sexuality, and the Authoritarian Personality', Journal of Personality 78, n. 6 (2010): 1801–26.

47. Adorno et al., The Authoritarian Personality, 856, 428.

48. Erich Fromm, Escape from Freedom (Nova Iorque, Holt Paperbacks, 1994), 160. Italicos do original.

49. Klaus Theweleit, Male Fantasies, Vol. 1: Women, Floods, Bodies, History, trand. Chris Turner, Stephen Conway e Erica Carter (Minneapolis, University of Minnesota Press, 1987), 266.

50. Ibid., 264.

51. Ibid., 264.

52. Ibid., 273.

53. Prefácio de Barbara Ehrenreich in Klaus Theweleit, Male Fantasies, Vol. 1: Women, Floods, Bodies, History, trad. Chris Turner, Stephen Conway, and Erica Carter (Minneapolis, University of Minnesota Press, 1987), xiii.

54. Corey Robin, The Reactionary Mind: Conservatism from Edmund Burke to Sarah Palin (New York, Oxford University Press, 2011), 206.

55. Ibid., 208, 241; Theweleit, Male Fantasies, Vol. 1, 271.

56. Agradeço a Ben Meiches por levantar esta questão numa conversa que tivemos na International Studies Association Northeast Conference, November de 2017, Providence, Rhode Island.

57. Para mais informações sobre os Proud Boys, consulte o Southern Poverty Law Center, que os classifica como um grupo de ódio. Ver https://www.splcenter.org/fighting-hate/extremist-files/group/proud-boys.

58. National Public Radio, 'White Haze'.

59. Ibid.

60. Além disso, seu papel descomunal na vida psicológica de seus seguidores mais devotados significa que ele deve ser o gênio estável que afirma ser, apesar de todas as evidências ao contrário. Fromm explica que esse tipo de "admiração cega" é logicamente necessário ao masoquismo: "Se a pessoa que me governa é tão maravilhosa ou perfeita, então eu não deveria ter vergonha de obedecê-la. Não posso ser igual a ele porque ele é muito mais forte, mais sábio, melhor e assim por diante, do que eu" (Fromm, Escape from Freedom, 164). Se Trump for demonstrado como imperfeito ou meramente normal, então a submissão ao seu governo seria humilhante.

61. Sarah Palin, 'Drill, Baby, Drill', The Guardian, 14 de Julho de 2009. Disponível em: http://www.theguardian.com/commentisfree/cifamerica/2009/jul/14/sarah-palin-energy-obama.

62. Por exemplo, no livro inaugural de Carolyn Merchant, A morte da Natureza, ela descreve a imagem sexual de penetração da natureza que 'legitima a exploração e a "violação" da natureza para o bem humano'. Carolyn Merchant, The Death of Nature: Women, Ecology, and the Scientific Revolution (Nova Iorque, Harper One, 1990), 171. Edição brasileira: A morte da natureza: mulheres, ecologia e a revolução científica. São Paulo, Igrá Kniga, 2025. p. 314

63. LeMenager, Living Oil, 92.

64. Ibid., 93.

65. Shannon Elizabeth Bell, Fighting King Coal: The Challenges to Micromobilization in Central Appalachia (Cambridge, MIT Press, 2016), 98–100.

66. Linda Greenstein, Robert Gordon e Timothy Eustace, 'Prohibits Retrofitting Diesel-Powered Vehicles to Increase Particulate Emissions for the Purpose of "Coal Rolling"', Pub. L. n. NJ S2418 (2015). Disponível em: https://legiscan.com/NJ/bill/

S2418/2014; Don Coram and Joann Ginal, 'Prohibit Nuisance Exhibition Motor Vehicle Exhaust', Pub. L. n. SB17-278 (n.d.). Disponível em: http://leg.colorado.gov/bills/sb17-278; 'Vehicle Laws Causing Diesel Emissions to Discharge onto Another – Prohibition', Pub. L. n. HB0011 (2017). Disponível em: http://mgaleg.maryland.gov/webmga/frmMain.aspx?pid=billpage&stab=01&id=hb0011&tab=subject3&ys=2017RS.

67. 'Smoke Opacity Certification Schools', Colorado Department of Public Health and Environment. Disponível em: https://www.colorado.gov/pacific/cdphe/smoke-opacity-certification-schools. Acesso em 14 de Abril de 2018; Hiroko Tabuchi, '"Rolling Coal" in Diesel Trucks, to Rebel and Provoke', The New York Times, 4 de Setembro de 2016. Disponível em: https://www.nytimes.com/2016/09/05/business/energy-environment/rolling-coal-in-diesel-trucks-to-rebel-and-provoke.html.

68. Ver #rollingcoal ou #rollincoal no Instagram. Disponível em: https://www.instagram.com/explore/tags/rollingcoal/ ou https://www.instagram.com/explore/tags/rollincoal

69. David Weigel, 'Rolling Coal', Slate, 3 de Julho de 2014. Disponível em: http://www.slate.com/articles/news_and_politics/politics/2014/07/rolling_coal_conservatives_who_show_their_annoy-ance_with_liberals_obama.html.

70. Este tema aparece de forma recorrente em video no YouTube. Ver, por exemplo, 'Hot Girl in Bikini gets Rolled Coal on – Crayz!'. Disponível em: https://www.youtube.com/watch?v=sTCBOOvt4w8.

71. Ver http://www.vocativ.com/190898/rollin-coal-is-pollution-porn-for-dudes-with-pickup-trucks/index.html.

72. Weigel, 'Rolling Coal'.73. Grace Wyler, 'There's Nothing Wrong with Rolling Coal', Vice News, 11 de Julho de 2014. Disponível em: https://www.vice.com/en_us/article/jmb4d8/nothing-wrong-with-rolling-coal-711.

74. Bruce Finley, 'Diesel Drivers Who are 'Rolling Coal' in Colorado: Tune Up or Pay Up', The Denver Post, 22 de Maio de 2017. Disponível em: http://www.denverpost.com/2017/05/22/colorado-rolling-coal-fines/.

75. A socióloga Lisa Wade cunhou este termo em referência ao *rollin' coal*. Ver https://thesocietypages.org/socimages/2014/07/23/conspicuous-pollution-rural-white-men-rollin-coal/.

76. Kari Marie Norgaard, Living in Denial: Climate Change, Emotions, and Everyday Life (Cambridge,: MIT Press, 2011).

77. Timothy Morton, Hyperobjects: Philosophy and Ecology after the End of the World (Minneapolis, University Of Minnesota Press, 2013), 104.

78. Jami Weinstein e Claire Colebrook, eds., Posthumous Life: Theorizing Beyond the Posthuman (New York, Columbia University Press, 2017).

79. Anna Lowenhaupt Tsing, The Mushroom at the End of the World: On the Possibility of Life in Capitalist Ruins (Princeton, Princeton University Press, 2015). Edição brasileira: O cogumelo no fim do mundo: Sobre a possibilidade de vida nas ruínas do capitalismo. Tradução Yudi Rafael, São Paulo, N-1 Edições, 2022.

80. Weinstein and Colebrook, Posthumous Life.

81. Roy Scranton, Learning to Die in the Anthropocene: Reflections on the End of a Civilization (São Francisco, City Lights, 2015).

82. Grove, 'Of an Apocalyptic Tone Recently Adopted in Everything'.

83. Bruno Latour, 'Love Your Monsters: Why We Must Care for Our Technologies As We Do Our Children', Breakthrough. Disponível em: http://thebreakthrough.org/index.php/journal/past-issues/issue-2/love-your-monsters.

84. Donna J. Haraway, Staying with the Trouble: Making Kin in the Chthulucene (Durham, Duke University Press, 2016). Edição brasileira: Ficar com o

problema: fazer parentes no chthluceno. Tradução de Ana Luiza Braga, São Paulo, N-1 Edições, 2024.

85. Morton, Hyperobjects.

86. Manne, Down Girl, 20.

Posfácio

Drill, baby, drill: democracia fóssil e soberania masculina na nova cena global

Alana Moraes

Drill, baby, drill: o hino entoado pelo homem laranja embala o fascismo radioativo que hoje congrega a ultradireita global. A imagem da "perfuração" (drill) não é, de longe, uma simplificação desse arranjo de poder que é tanto técnico como libidinal. Perfurar, afinal, evoca a imagem de uma penetração não autorizada contra tudo aquilo que deve estar disponível para a apropriação e conversão energética. Penetração irrestrita como forma de liberdade e soberania. Essa não é uma história recente, entretanto. Ela começa com uma grande invasão, é processada na forma de um genocídio como modo de governo da vida (entendida como desordenada, caótica e, sobretudo, improdutiva), é meticulosamente gestada como um gesto civilizatório que garante o acesso privilegiado do mundo-como-recurso à uma certa parcela da humanidade. Podemos dizer em um enunciado pouco frequente nos debates sobre a "crise climática": ao menos desde o século XVI nunca existiu na história um "salto energético" que não fosse dependente de violência racial ou sexual. Anne McClintock fala em "pornotrópicos" e mostra como África, Américas, Ásia foram imaginadas como lugares libidinosamente eróticos[1]. A erótica da conquista imperial, ela defende, era também uma erótica da subjugação. O "Antropoceno", para além de um marcador geo-histórico, é um regime sexo-político racial no qual o modelo da soberania masculina branca e dominante oferece o suporte técnico, sensível e libidinal para as formas de habitar o mundo.

Mais contemporaneamente é possível visualizar a cartografia da *petromasculinidade* conectando a Petrobras com o genocidio do regime Israelense contra o povo palestino. Ou à luta das mulheres do quilombo da ilha de Maré, na Baía de Todos-os-Santos, contra a destruição do mangue e a contaminação por metais pesados oriundos da exploração de petróleo, derramamentos e rejeitos industriais.[2] Antes disso, a empresa petrolifera teve papel determinante na ditatura militar brasileira sustentando centros de detenção e tortura em suas instalações, sem falar nas violações contra povos indígenas e seus territórios nesse período, como motra o informe público elaborado pelo CAAF em 2023[3]. *Cara Daggett propõe uma investigação sobre a relação entre masculinidade e combustíveis fósseis. Nos juntamos a ela no esforço de pensar um programa de estudo e intervenção que possa compreender a catástrofe ecológica em curso como a expressão geológica de um regime de poder irrigado pela articulação entre masculinismo e supremacismo na produção de uma certa ideia de "natureza".* Militarismo, expansão, crescimento e controle irrigam a ficção da superioridade técnica masculinista-extrativista herdeira do empreendimento colonial - frequentemente essa ficção toma o nome de modernização ou desenvolvimento.

Durante o século XX, a noção de "liberdade", no mundo euro-americano, esteve fortemente vinculada à possibilidade de produção sem limites, "a mansão das liberdades modernas repousa sobre uma base de uso de combustíveis fósseis em permanente expansão".[4] A emergência da figura do indivíduo masculino racional liberal, como mostra McClintock, estava condicionada à reinvenção do espaço doméstico como um espaço de "submissão natural" assim como o "mundo primitivo" era o espaço da submissão racial natural: "Domesticidade e império se fundem como um elemento necessário na formação da imaginação liberal".[5] O espaço feminilizado do lar era produzido em contraposição ao domínio exterior masculinizado na racionalidade econômica e interesses individuais. Essa oposição, já bastante debatida nos estudos feministas, fabricava, entretanto, uma nova ecologia na qual "as intimidades extradomésticas, sejam internas à espécie ou entre espécies, pareciam fantasias arcaicas (a comunidade, o sitiante) ou questões passageiras (feminismo, direitos animais)".[6]

No início do século XX, vanguardas futuristas, como a italiana, transformaram em valores estéticos "a máquina, a velocidade, a violência e a guerra" (Berardi, 2019:13). O futurismo e seus desdobramentos fascistas eram também uma guerra tecno-estética contra o "atraso" do sensual, da ambiguidade e fluidez, do que não pode ser fixado de uma vez por todas nos termos funcionais do regime produtivo moderno de sexo-gênero e sua política fóssil. A guerra fria foi o momento de extrapolação da economia libidinal e tecno-estética do domínio fóssil na nova geopolítica global. Uma década após o fim da segunda guerra mundial, em 1955, a Walt Disney lançava uma série televisiva chamada *Man in Space*. A série tinha como apresentador, um jovem engenheiro envolvente que apresentava planos futuristas para a exploração espacial. Wernher Von Braun logo se tornaria uma celebridade nacional nos Estados Unidos. O acontecimento não seria tão significativo se não fosse o fato de que Wernher Von Braun teria estado no comando do programa de mísseis de longo alcance de Adolf Hitler durante o regime nazista na Alemanha. Os potentes V2 foram produzidos com a ajuda do trabalho escravo vindo de pessoas confinadas nos campos de concentração.

Não é fortuito o fato de que a ultradireita contemporânea possa emergir associando os discursos de retomada da soberania masculina com a recusa das evidências sobre o colapso socioambiental: desacelerar significa abdicar da potência viril de comando e domínio, liberdade significa poder exercer o direito à destruição. Assim, a gramática militar extrativista e da aceleração do crescimento é compartilhada entre governos de todos os espectros. O DNA da geopolítica contemporânea entrelaça a ideia de soberania masculina com a capacidade de produção/destruição sem limites e os espaços intergovernamentais que estabelecem acordos sobre mitigação e transição energética, cada vez mais, funcionam como arenas performativas cujo acordo tácito envolve não perturbar a sacralização da democracia liberal fóssil. Há décadas, movimentos indígenas, ambientalistas, de pequenas comunidades tradicionais que defendem seus territórios contra megaprojetos de infraestrutura extrativista-energética são marcados como "ingênuos", "inimigos da soberania nacional" ou desprovidos de "razão".

A economia política fóssil é, no fundo, a gestão autoritária de um certo regime de eficiência e escala que organiza humanos e não humanos em uma forma de domínio de espoliação permanente que se apresenta como universal e inevitável. Ela opera a partir da ficção do "progresso", um imperativo que exige deixar para trás práticas de conhecimento e formas de relação multiespécie que estão implicadas com o tempo da vida em toda a sua diversidade, abertura e imprevisibilidade. Ela é a forma moderna de externalização e distribuição de danos ecológicos e inscreve nos regimes democráticos rotinas de deslocamentos forçados, atua aniquilando práticas não monetarizadas de cuidado, subtraindo o tempo da vida, colonizando as formas de prazer e tempo livre, racializando e criminalizando territórios e pessoas que são lidas como "inimigos" da marcha do progresso, do "desenvolvimento nacional", da "soberania". Isso porque quando outras agências estão em jogo - espíritos, animais e plantas com suas histórias e relações, festas, cantos sagrados que se relacionam com roças e espécies vegetais, sonhos, substâncias, circuitos de reciprocidade intensiva que cultivam paisagens e pessoas - quando tudo isso entra na cena da política, o movimento de conversão e simplificação do capital de toda a complexidade da vida em unidades abstratas intercambiáveis torna-se mais ineficiente. Os xapiri não reconhecem o Estado Nação.

Quando a campanha do Donald Trump tem como slogan propulsor a defesa da relação entre a "grande democracia americana" e o uso sem limites de combustíveis fósseis, ela não está sendo apenas "negacionista", mas revelando a verdade do funcionamento de uma "democracia do carbono": a infraestrutura psicopolítica que vai dos sistemas de governança global até a mobilização mais molecular e libidinal dos desejos autoritários. A casa e a nação estão conectadas pelos delírios hetero-masculinistas de unidade e controle. A reivindicação de uma identidade coletiva baseada no petróleo e no crescimento permanente da demanda/produção energética atua em confrontação direta contra os modos de existência voltados à vida e esse é um dos corações dos conflitos contemporâneos no mundo. Reside aí também um dos principais impasses políticos dos nossos tempos.

Porque grande parte da esquerda institucional aderiu completamente ao modo de gestão da catástrofe, ainda apostando que o projeto de sucesso eleitoral tem a ver com os índices da democracia fóssil: crescimento permanente, ampliação do acesso ao consumo, bem-estar como financeirização/endividamento da vida, simplificação ecológica e longas cadeias de contaminação e adoecimento. Essa equação parece mais justa quando é feita em nome do "combate à pobreza" ou da "inclusão", mas não existe nenhuma evidência histórica que consiga relacionar a ficção do crescimento ou a perfuração de petróleo com diminuição consistente da desigualdade social - basta observar qualquer cidade onde exista atividade de exploração de petróleo, mineração, agronegócio ou que tenha sofrido o impacto de uma grande obra de infraestrutura energética. São cidades, na maioria das vezes, extremamente desiguais e violentas - cidades que, não raro, testemunham também o aumento vertiginoso de violências sexuais. *Drill, baby, drill* foi o hino repetido pela presidenta da Petrobras, Magda Chambriard, em um evento da indústria petrolífera no momento em que defendia a exploração de petróleo na foz do Amazonas [7].

Não é tão agradável essa afirmação, mas a verdade é que a maior parte da "esquerda progressista" é também negacionista quando recusa essas evidências históricas e adere com convicção ao pacto fóssil. E não é coincidência que, diante desse terrível impasse, as experiências indígenas e territoriais, de um modo geral, parecem oferecer alternativas muito mais realistas diante do colapso em curso. O paradoxo é que a esquerda, os que agem em nome do "real" ou da "realpolitik", parecem hoje estar totalmente alheios à realidade da terra e sua materialidade viva, estão ainda atrelados demais ao horizonte moderno de expansão perpétua, mas esse horizonte só pode levar à uma terra arrasada.

Mas existe uma tradição importante de luta dos trabalhadores que se faz, historicamente, contra a supressão do tempo da vida pelo capital - e que hoje retorna, por exemplo, com a aquecida circulação da reivindicação de uma "vida além do trabalho". Pensar a liberdade como uma forma de retomar o tempo para a vida, como fazem muitas coletividades indígenas, quilombolas, os chamados povos tradicionais, também as refugiadas do sistema produtivo de sexo-gênero é uma forma de reivindicação que rompe com o horizonte da expansão permanente e produz outras formas de viver bem, outros modos de habitar a terra, outras formas de desejar. O sonho da petromasculinidade é o sonho de um mundo sem pertencimentos; essa é a plataforma de Trump quando ele atua para "liberar a energia de todas as amarras"; as amarras aqui são um outro nome para a vida, o tempo lento e o que nos vincula à vida terrestre.

Por isso, um dos maiores desafios do nosso tempo é pensar em formas de desarticular as democracias contemporâneas com a política fóssil. O observatório do clima divulgou um dado não tão surpreendente sobre a COP29, a Conferência das Partes da Convenção do Clima das Nações Unidas de Baku, no

Azerbaijão. Na conferência estiveram presentes 1.773 representantes do lobby fóssil, o que supera a delegação de países mais afetados hoje pelo colapso socioambiental. Esse número é revelador para compreendermos que, apesar da "agenda climática" estar cada vez mais presente nos espaços da chamada governança global, é a geopolítica fóssil que segue dando as cartas e sustentando os processos democráticos.

Entendo que a luta por qualquer possibilidade de reverter o colapso ecológico em curso passa por considerar as implicações entre domínio, controle e suas infraestruturas de conhecimento e poder que dão forma aos modos de fazer mundos. Nesse caso, a luta não se faz em um plano ideológico necessariamente, mas no plano de um materialismo sensível radical que é capaz de reconhecer os seres da terra como produtores de um mundo sem o qual não é possível viver. É um mundo coproduzido pelas relações interespécies e pelas formas técnicas que materializam os modos pelos quais compomos nossas existências com outras existências, um regime de percepção, formas sensíveis e estéticas, atenção e comunicação ampliada povoado de perspectivas em constante negociação -

e que, por isso, resiste em ser convertido em "informação" ou "energia".

Como enfatiza Daggett, existe uma dimensão do desejo que fornece sustentação e adesão à petromasculinidade e suas infraestruturas de poder e domínio. Também por isso, penso que uma das tarefas urgentes é retomar o prazer como categoria central nas nossas formas de pensar, agir e sustentar modos de existência. O capitalismo não pode avançar sem colonizar nossas formas de prazer. Retomar o prazer de viver para além do trabalho subordinado, mas em uma erótica do cotidiano aberta à indeterminação e à experimentação do que pode nos tornar outras além daquilo que somos obrigadas a ser nas formas de gestão da vida para o capital e seus regimes de eficiência. Suscitar essas experiências é também uma aposta na contaminação de outras possibilidades, aterrando o distante horizonte da transformação em um solo no qual pisamos juntas, contamos nossas histórias e defendemos nossa liberdade - uma liberdade que pode ser também traduzida como "a vida além do trabalho"; além da financeirização; além da dívida que nos desvincula e nos adoece; uma vida para o prazer.

Notas

[**1**] McClintock, 2003.

[**2**] Milanez, Felipe. Uma voz que vem das águas e que luta com os mangues. Mídia Ninja, 30 de Setembro de 2024. Disponível em: https://midianinja.org/opiniao/uma-voz-que-vem-das-aguas-e-que-luta-com-os-mangues/ Acesso em 23 de Julho de 2025.

[**3**] TELES, Edson; OSMO, Carla; CALAZANS, Marília Oliveira (Orgs.). Petrobrás. In: TELES, Edson; OSMO, Carla; CALAZANS, Marília Oliveira (Orgs.). *Informe Público: A responsabilidade de empresas por violações de direitos durante a Ditadura.* São Paulo: CAAF, Unifesp, 2023. pp. 297-327.

[**4**] Chakrabarty, 2013, p. 11

[**5**] McClintock, op. cit., p. 81

[**6**] Tsing, 2015, p. 192

[**7**] Drill, baby: o lema trumpista da presidente da Petrobras na foz do Amazonas. Climainfo, 9 de Maio de 2025. Disponível em: https://climainfo.org.br/2025/05/09/drill-baby-o-lema-trumpista-da-presidente-da-petrobras-na-foz-do-amazonas/ Acesso em 23 de Julho de 2025.

What's Up?
Desafios ao Direito